Du är hela havet i en droppe

Till Molly

Förlag: BoD · Books on Demand, Östermalmstorg 1,
114 42 Stockholm, bod@bod.se
Tryck: Libri Plureos GmbH, Friedensallee 273,
22763 Hamburg, Tyskland
ISBN: 978-91-8057-851-6
Omslag: Alex P. Bronston
Illustrationer: Alex P. Bronston med stöd av Gencraft.

Förord:

"Du är hela havet i en droppe"

Vem är du? Och hur ser du på dig själv i världen omkring dig? Många av oss har någon gång känt oss små, kanske till och med obetydliga, i det stora sammanhanget av livet. Men tänk om det inte är hela sanningen? Tänk om du, i stället för att bara vara en del av något större, faktiskt bär hela detta större inom dig?

Poeten Rumis ord "Du är inte en droppe i havet. Du är hela havet i en droppe" är en påminnelse om att du har en unik betydelse. Inom dig finns oändliga möjligheter, känslor och en kraft som är djupt sammankopplad med världen omkring dig.

Den här boken är en resa – genom självacceptans, styrka, mening, glädje, relationer och tacksamhet – som hjälper dig att upptäcka att du redan är hel. Du är inte bara en droppe, du är hela havet. Låt oss börja resan mot att upptäcka det.

Alex P. Bronston är en entreprenör och författare med en bakgrund som innefattar både teologiska studier och företagsbyggande. Men framförallt en livslång passion för att utforska vad som ger livet mening.
I 'Du är hela havet i en droppe' delar Alex tankar, berättelser och övningar för att hjälpa dig hitta styrka, tacksamhet och glädje i ditt eget liv."

Kapitel 1

Att möta dig själv - vägen till självacceptans

Introduktion

Hur du ser på dig själv är grunden för hur du ser på världen. Självacceptans är inte att ignorera sina brister, utan att omfamna dem som en del av helheten. När du accepterar dig själv som du är, ger du dig själv friheten att växa.

Citat 1:

”Ingen kan ge dig frid utom du själv.”
– Ralph Waldo Emerson

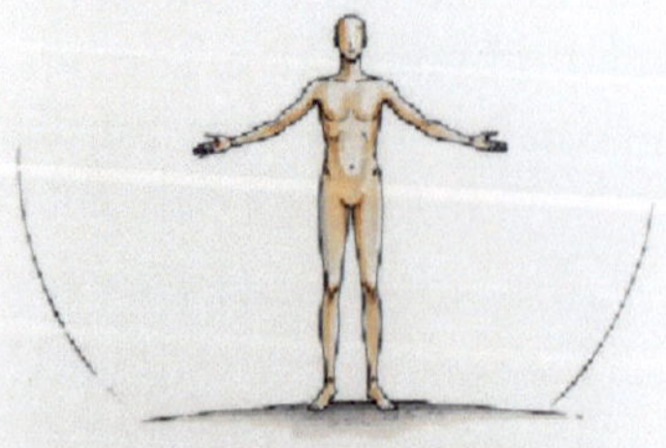

Berättelse:

John hade alltid varit sin egen största kritiker. Oavsett vad han gjorde, fanns det en röst som påpekade hans brister. En dag bestämde han sig för att skriva ett brev till sig själv – men inte som han brukar. Det här brevet skulle vara fullt av uppskattning, inte kritik. Det kändes ovant, nästan fånigt. Men efter några veckor märkte han att orden började kännas sanna. Han insåg att självacceptans inte kommer över en natt, utan att det istället börjar med ett eget val.

Citat 2 :

”Du själv, lika mycket som någon annan i hela universum, förtjänar din kärlek och tillgivenhet.”
– Buddha

Berättelse:

När Eric gick i terapi första gången var han skeptisk. ”Varför ska jag prata om mig själv hela tiden?” frågade han terapeuten. ”För att du aldrig har lyssnat på dig själv,” svarade hon. Den kommentaren blev en vändpunkt. Han började ställa sig själv frågor han aldrig tidigare vågat tänka på – och långsamt började han känna sig mer hemma i sig själv.

Citat 3:

”Självkännedom är början på all visdom.”
- Aristoteles

Reflektion:

Hur ofta ger du dig själv tid att reflektera över vem du är och vad du behöver? Självkännedom handlar inte om perfektion, utan om att förstå vad som verkligen gör dig lycklig.

Citat 4:

”Att vara dig själv i en värld som ständigt försöker göra dig till något annat är den största prestationen.”
- Ralph Waldo Emerson

Övning:

Skriv ner tre saker som gör dig unik.

1. ....

....

2. ....

....

3. ....

....

Hur kan du låta dessa egenskaper lysa i din vardag?

Sammanfattning av Kapitel 1

Att möta sig själv är det första steget mot en djupare förståelse och acceptans av den man verkligen är. Genom att lyssna till sin inre röst och våga vara ärlig mot sig själv kan vi börja betrakta både våra styrkor och svagheter som naturliga delar av vårt jag.

Självacceptans handlar inte om att släppa sina ambitioner eller sin vilja att utvecklas, utan om att möta sig själv med vänlighet och förståelse. Det är genom den inställningen vi kan växa på ett sätt som känns meningsfullt och långsiktigt.

Det här kapitlet har belyst att självacceptans inte kräver perfektion, utan snarare nyfikenhet och tålamod. Kanske kan du börja med att ställa dig själv frågan: Vad behöver jag just nu för att känna mig mer som mig själv? Låt det bli det första steget mot att omfamna hela dig, precis som du är.

Kapitel 2

Styrkan inom dig - resilens och mod

Introduktion:

Inom oss alla finns en kraft som kan bära oss genom livets stormar. Resiliens handlar inte om att aldrig falla, utan om att orka resa sig gång på gång. Mod är att möta livet som det är – och att trots motgångarna, fortsätta framåt.

Citat 1:

”Mod är att stå upp för det som är rätt även när du är ensam.”
– Mark Twain

Berättelse:

När Maria upptäckte att hennes kollega behandlades orättvist, visste hon att hon borde säga något. Men hon tvekade – vad skulle hennes chef tycka? Efter flera sömnlösa nätter tog hon mod till sig och förde upp frågan. Hon blev förvånad över hur mycket respekt hon fick, både från kollegan och chefen.

Citat 2:

"Fall sju gånger, res dig åtta."
– Japanskt ordspråk

Berättelse:

David hade misslyckats med sitt företag två gånger innan han slutligen lyckades. Även om framgången gav honom glädje och tillfredsställelse, insåg han att den verkliga gåvan egentligen låg i de ovärderliga lärdomar och erfarenheter han hade fått under resan dit.

Citat 3

”Mod är inte att ha styrka att fortsätta, det är att fortsätta när du inte har styrkan”
– Theodore Roosvelt

Reflektion:

När allt känns svårt, vad är det som håller dig uppe? Tänk på något som har gett dig hopp i en svår tid. Hur kan du använda det för att stärka dig själv framöver?

Citat 4

”Det är inte vad som händer dig, utan hur du reagerar på det, som spelar roll.”
– Epiktetos

Övning:

Fundera över en situation där du inte vågat ta ett steg på grund av rädsla.
Vad var det värsta som kunde hända? Vad var det bästa som kunde hända?

Sammanfattning av Kapitel 2

Styrkan inom dig – resiliens och mod

Vi bär alla på en inre styrka, även om den ibland kan kännas gömd bakom oro, rädsla eller självtvivel. Resiliens – förmågan att resa sig igen efter motgångar – är inte något vi föds med, utan något vi utvecklar genom våra erfarenheter. I detta kapitel har du fått möjlighet att reflektera över din egen styrka och upptäcka att mod inte alltid handlar om storslagna handlingar, utan ofta om de små, tysta stegen vi tar när livet känns som tyngst.

Vi har sett hur resiliens inte är att undvika svårigheter, utan att möta dem med nyfikenhet och uthållighet. Mod handlar om att stå fast vid sina värderingar, även när det är svårt, och att våga fortsätta, även när vi inte har alla svar.

Ta med dig tanken att varje gång du står inför en utmaning har du chansen att bygga upp din inre styrka. Fråga dig själv: Hur kan jag använda det jag har lärt mig för att hantera det jag står inför idag? Resan handlar inte om att alltid vara stark, utan om att veta att du kan hitta styrkan inom dig när du behöver den.

Kapitel 3

Det stora varför – meningen med livet

Introduktion:

Meningen med livet är inte att hitta svaren, utan att leva frågorna. Genom att följa det som väcker passion, kärlek och glädje kan vi skapa vår egen mening.

Citat 1

”Livet är meningslöst utan kärlek.”
– Leo Tolstoy

Berättelse:

Anna hade alltid jagat nästa mål – ett bättre jobb, ett större hus, en längre resa. Men en kväll, när hon satt och lekte med sin dotter, insåg hon att det som verkligen gjorde hennes liv meningsfullt fanns precis framför henne. Det var inte prestationen, utan relationen och kärleken som betydde något.”

Citat 2:

"De två viktigaste dagarna i ditt liv är dagen du föds och dagen du upptäcker varför."
– Mark Twain

Berättelse:

Under en vandring i bergen fick Jonas en plötslig insikt. Hans liv hade varit fyllt av stress och yttre krav, men det han verkligen ville var att skapa något bestående. Den insikten blev början på hans nya karriär som konstnär.

Citat 3

”Lycka är meningen och syftet med livet.” *
– Aristoteles

** "Att förstå vad som gör dig lycklig är en del av att skapa mening i livet. Det handlar inte bara om stora mål utan också om att hitta de små, autentiska saker som verkligen spelar roll för dig."*

Reflektion:

Vad gör dig lycklig, oavsett vad andra tycker? Hur kan du prioritera det mer i ditt dagliga liv?

Citat 4

**Livet handlar inte om att hitta sig själv, utan om att skapa sig själv.”
– George Bernard Shaw**

Övning:

- Skriv ner tre saker som du vill skapa i ditt liv.

....

....

....

- Vilket är det första steget du kan ta för att börja skapa dem?

Sammanfattning av kapitlet:

Meningen med livet är inte något vi hittar, utan något vi skapar. Livet formas av våra val, våra handlingar och det vi väljer att värdera. Genom att lyssna till vår inre kompass och låta den guida oss kan vi skapa ett liv som inte bara är meningsfullt, utan också känns sant för oss själva. Det handlar om att leva i linje med det som verkligen betyder något för oss.

Kapitel 4

Att se ljuset – glädje och vardagslycka

Introduktion:

”Lycka är inte något som ska uppnås i framtiden, utan något som kan upplevas här och nu. Genom att hitta glädje i det lilla kan vi göra varje dag lite ljusare.”

Citat 1

”Lycka består inte i att äga mycket, utan i att nöja sig med lite.”
– Epiktetos

Berättelse:

När Sofie flyttade från sitt stora hus till en liten lägenhet trodde hon att det skulle bli svårt att vänja sig vid det mindre utrymmet. Till en början var det smärtsamt att behöva göra sig av med alla ägodelar som inte längre fick plats. Det var saker som hon hade trott var oumbärliga. Men snart upptäckte hon hur mycket lättare livet blev utan allt överflöd. Hon insåg att lycka inte handlar om att äga mycket, utan om att uppskatta det man har"

Citat 2

”Det är inte vad vi har, utan vad vi njuter av, som gör oss rika.”
– Epikur

Berättelse:

Efter en lång arbetsdag brukade Erik sitta på sin balkong med en kopp kaffe och lyssna på fåglarna. Det var en tillsynes obetydlig stund, men för honom blev det dagens höjdpunkt – en påminnelse om att rikedom inte alltid handlar om materiella ting..

Citat 3

”Lycka är som en fjäril; ju mer du jagar den, desto mer undviker den dig.”
– Nathaniel Hawthorne

Reflektion:

När försökte du senast pressa fram glädje? Hur kan du istället låta den komma naturligt, som en fjäril som landar på din axel?

Citat 4

”Den största glädjen är ofta gömd i de minsta stunderna.”
– William Blake

Övning:

- Skriv ner tre små saker som gjorde dig glad idag.

....

....

....

- Hur kan du skapa fler sådana stunder imorgon?

Sammanfattning av kapitlet:

Glädjen finns inte i de stora, sällsynta händelserna – den lever i vardagen, i de små ögonblicken vi ofta tar för givna. Det kan vara ett varmt leende, doften av nybryggt kaffe eller känslan av solens strålar på huden. Genom att försöka uppmärksamma och uppskatta de små enkla stunderna kan vi hitta en djupare och mer varaktig glädje.

Kapitel 5

Vi tillsammans – relationer och medkänsla

Introduktion:

Vi är inte ensamma, och vi är inte menade att vara det. Våra relationer med andra är inte bara en källa till glädje, utan också till lärdomar och styrka.
Genom att utveckla vår medkänsla kan vi skapa starkare band till våra medmänniskor och bidra till en bättre värld.

Citat 1

”Det bästa sättet att hitta dig själv är att förlora dig själv i tjänsten för andra.”
– Mahatma Gandhi

Berättelse:

Sophia hade alltid känt sig rastlös, som om något saknades i hennes liv. Trots en framgångsrik karriär som ekonom hade hon svårt att känna en djupare mening i vardagen. En dag bestämde hon sig för att delta som volontär i ett lokalt härbärge för hemlösa. Det var inget storslaget – hon började med att servera soppa och diska, enkla sysslor som hon först såg som en tillfällig distraktion från sina egna problem.

Men något började förändras. När hon mötte de människor som kom till härbärget, såg hon mer än bara deras yttre svårigheter. Hon såg deras kamp, deras styrka, och framför allt deras hopp. Hon märkte att de små stunderna av vänlighet hon kunde ge – ett leende, ett lyssnande öra – skapade en djupare kontakt än hon någonsin upplevt i sin karriär.

En kväll, efter att ha hjälpt en kvinna hitta en trygg plats för natten, insåg Sophia något hon inte tidigare förstått. I de stunder hon varit helt närvarande för andra hade hon själv känt sig mest levande. Den rastlöshet hon burit med sig började sakta blekna. I tjänsten för andra hade hon funnit något oväntat – sig själv.

Citat 2

”Kärlek och medkänsla är mänsklighetens högsta dygder.”
– Mahatma Gandhi

Berättelse:

När Elin fick veta att hennes granne Anna hade brutit benet och hade svårt att ta hand om vardagssysslorna, tvekade hon inte en sekund. Hon började besöka Anna varje dag, hjälpte henne att handla och lagade till och med några extra måltider att lämna i kylskåpet.

Det var inget stort, tänkte Elin, bara något hon själv hade velat få hjälp med i samma situation. Men när Anna några veckor senare, med tårar i ögonen, berättade hur mycket Elins stöd hade betytt, förstod Elin att medkänsla handlar inte om storslagna handlingar, utan om små, genuina gester som kan förändra en dag för någon annan.

Citat 3

”Den som älskar vet vad sann styrka är.”
– Lao Tzu

Reflektion:

Tänk på en relation där du har visat kärlek eller medkänsla, även när det var svårt. Hur stärkte det dig?

Citat 4

”Ett vänligt ord är som en vårdag
– enkelt och ändå oändligt värdefullt.”
– George Eliot

Övning:

- Skriv ner tre vänliga saker du kan säga eller göra för någon i din närhet.

....

....

....

- Testa att göra minst en av dem idag och notera hur det påverkar dig och den andra personen.

Sammanfattning av kapitlet

Relationer är som broar – de kräver arbete och omtanke för att hålla. Men när vi bygger med kärlek och medkänsla, blir de starkare än något annat.

Kapitel 6

Att känna tacksamhet – nyckeln till sinnesro

Introduktion:

Tacksamhet är som ett ljus som skingrar mörkret. När vi fokuserar på vad vi har att vara tacksamma för, förändras vårt perspektiv – och med det, vårt liv.

Citat 1

”När vi uttrycker tacksamhet, upplever vi livets sannaste rikedom.”
– Cicero

Berättelse:

Varje kväll skrev Sara ner tre saker hon var tacksam för i en liten anteckningsbok. Det började som en enkel övning, men snart märkte hon att det förändrade hur hon såg på hela sitt liv.

Citat 2

”Tacksamhet är inte bara en dygd, utan roten till all lycka.”
– Seneca

Berättelse:

När Peter förlorade sitt jobb kände han en överväldigande oro för framtiden. Han hade en familj att försörja och kunde inte sluta tänka på hur de skulle klara sig. Men en kväll, efter att ha lagt sina barn, började han reflektera över vad han faktiskt fortfarande hade: ett hem, en partner som stöttade honom och deras gemensamma hälsa. Dessa tankar hjälpte honom att hitta styrka i stunden och planera för nästa steg utan att låta oron ta över.

Citat 3

**”Den som inte uppskattar det lilla
är inte värd det stora.”
– Thomas Fuller**

Reflektion:

Vilka små saker i ditt liv är du tacksam för? Hur kan du påminna dig själv om att uppskatta dem oftare?

Citat 4

”Tacksamhet är den vackraste blomman som spirar ur själen.”
– Henry Ward Beecher

Övning:

- Skriv ett brev till någon du är tacksam för.

- Du behöver inte skicka det, men reflektera över hur det känns att uttrycka din tacksamhet i ord.

Sammanfattning av kapitlet

”Tacksamhet är inte bara en känsla – det är en vana som har kraften att förändra ditt liv. När vi lär oss att uppmärksamma och uppskatta det vi har, istället för att fokusera på det vi saknar, öppnas en dörr till en djupare känsla av lugn och lycka. Genom att odla tacksamhet kan vi hitta ljus och styrka, även när livet känns som mest utmanande.”

Kapitel 7

Att hantera oro – att hitta lugnet inom dig

Introduktion:

”Oro är som en storm i sinnet. Den får oss att tänka på allt som kan gå fel, men sällan på allt som kan gå rätt. Genom att förstå och möta vår oro kan vi återupptäcka lugnet inom oss.”

Citat 1

”Oro är som att betala ränta på ett lån du aldrig har tagit.”
– Mark Twain

Berättelse:

Anna brukade ligga vaken på nätterna och tänka på alla saker som kanske skulle gå fel på jobbet nästa dag.
Hennes oro tog över hennes liv tills hon började skriva ner sina tankar. När hon såg dem på papper insåg hon att de flesta av dem nog aldrig skulle bli verklighet.
Det var ett första steg mot att lära sig släppa taget om sin oro.

Citat 2

”Vi lider oftare i fantasin än i verkligheten.”
– Seneca

Berättelse:

Magnus oroade sig ständigt för att göra misstag på jobbet.
Men när han började reflektera över hur få av hans rädslor som verkligen blev verklighet, insåg han att de flesta bara fanns i hans huvud.
Den insikten hjälpte honom att möta sina dagar med mindre tyngd i hjärtat.

Citat 3

”Vi lever endast i nuet, i detta ögonblick, och detta ögonblick är evigheten.”
– Marcus Aurelius

Reflektion:

Hur ofta fokuserar du på vad som händer just nu? Tänk på en stund idag när du var helt närvarande. Hur kändes det?

Citat 4

”Låt inte din oro för morgondagen förstöra din glädje i dag.”
– Epiktetos

Övning:

- Skriv ner tre saker du oroar dig för.

....

....

....

- Fundera: Kan du påverka dessa saker direkt? Om inte, hur kan du släppa dem?

Sammanfattning av kapitlet:

”Oro kan kännas överväldigande, men det är inte en fiende – det är en signal, en inbjudan att stanna upp och reflektera. När vi möter vår oro med förståelse, istället för motstånd, och utrustar oss med rätt verktyg, kan vi omvandla den till en drivkraft för förändring och utveckling. På så sätt blir oron inte bara något att uthärda, utan en möjlighet att växa och att hitta nya styrkor inom oss själva.”

När du blickar tillbaka på de kapitel du just läst, har du tagit del av en resa som utforskar det som ligger närmast och ändå ibland känns längst bort – dig själv.

Från självacceptans till styrka, från livets mening till glädje, relationer, tacksamhet och att hantera oro, har vi undersökt hur dessa delar samverkar för att skapa ett liv som känns meningsfullt och hållbart.

Självacceptans: Du började med att möta dig själv, kanske för första gången med verklig ärlighet. Du har fått verktyg för att se både dina styrkor och dina skavanker som värdefulla delar av det som gör dig unik.

Styrka och resiliens: Vi har påmint dig om att styrka inte är frånvaro av svaghet, utan förmågan att resa sig igen, gång på gång. Du har kraften inom dig, även när du tvivlar.

Livets mening: Du har reflekterat över det stora varför – att mening inte är en färdig lösning utan något som du skapar och formar genom ditt sätt att leva.

Glädje i vardagen: Vi har sett att lycka inte alltid är högljudd eller storslagen, utan ofta gömmer sig i de små ögonblicken – ett leende, en promenad, en kopp kaffe i tystnad.

Relationer och medkänsla: Du har fått insikten att vi är sammanlänkade och att relationer inte bara handlar om vad vi får, utan vad vi ger.

Tacksamhet: Du har fått möjlighet att uppskatta livet, inte för dess perfektion, utan för de små gåvorna som alltid finns runt omkring oss.

Att hantera oro: Slutligen har du fått påminnelsen att oro är en del av livet, men att oron inte behöver styra det. Att hitta lugnet inom dig är nyckeln till att möta det okända med större tillit.

Den här boken är en påminnelse om att du redan har allt du behöver för att möta livet som det är.

”Kom ihåg, du är hela havet i en droppe. Din resa är unik och värdefull, och du har kraften att skapa den livskvalitet du förtjänar, ett steg i taget. Och kanske, när du ser tillbaka, inser du att varje steg – stort eller litet – har format det liv du lever idag.”